글 이기규

재미없는 공부만 잔뜩 가르쳐야 하는 학교를 싫어하는 초등학교 선생님입니다. 재미없는 공부 대신 재미있는 이야기로 아이들과 함께 배우고 싶어서 여러 가지 이야기책을 썼습니다. 그동안 쓴 책으로는 《착한 모자는 없다》《어느 날 우리 집에 우주고양이가 도착했다》《네 공부는 무슨 맛이니?》《깜장 병아리》《장자 아저씨네 미용실》《보름달 학교와 비오의 마법 깃털》《인권아 학교 가자》《괴물 학교 회장 선거》《좀 다르면 어때?》《우리 반에 알뜰 시장이 열려요》《할아버지 댁에 놀러 가요》 등이 있습니다.

그림 김무연

학교에서 애니메이션을 배우고 지금은 고양이 네 마리와 개 두 마리 그리고 사람 두 명이 대가족을 이루어 복닥복닥 살고 있습니다. 그린 책으로는 《내 멋대로 아빠 뽑기》《내 멋대로 친구 뽑기》《어부바 어부바》《우리 우리 설날은》《삐삐는 언제나 마음대로야》《스마트폰 말고 스케이트보드》《선생님도 한번 봐 봐요》《황금 알을 낳는 새》 등이 있습니다.

감수 (사)한국생활안전연합

'어린이가 안전하면 모두가 안전하다'라는 생각으로 사회적 약자가 안전한 세상을 만들어 가는 데 앞장서는 대한민국의 대표 안전 공익 법인입니다. 아동 안전 캠페인, 안전과 관련된 정책 및 입법 활동, 아동안전사고 예방교육 등을 통해 안전문화를 확산하고 있습니다. (홈페이지 www.safia.org)

나를 지키는 안전 그림책 02 | 교통안전

지하철 타고 버스 타고 할머니 댁에 가요

1판 1쇄 발행 | 2019. 10. 22.
1판 3쇄 발행 | 2023. 2. 15.

이기규 글 | 김무연 그림 | (사)한국생활안전연합 감수

발행처 김영사 | **발행인** 고세규
편집 박은희 | **디자인** 김민혜
등록번호 제 406-2003-036호 | **등록일자** 1979. 5. 17.
주소 경기도 파주시 문발로 197(우10881)
전화 마케팅부 031-955-3100 | **편집부** 031-955-3113~20 | **팩스** 031-955-3111

ⓒ 2019 이기규, 김무연
이 책의 저작권은 저자에게 있습니다. 저자와 출판사의 허락 없이 내용의 일부를 인용하거나 발췌하는 것을 금합니다.

값은 표지에 있습니다.
ISBN 978-89-349-9933-1 74370
ISBN 978-89-349-8341-5 (세트)

좋은 독자가 좋은 책을 만듭니다. 김영사는 독자 여러분의 의견에 항상 귀 기울이고 있습니다.
전자우편 book@gimmyoung.com | 홈페이지 www.gimmyoungjr.com

이 도서의 국립중앙도서관 출판시도서목록(CIP)은 서지정보유통지원시스템 홈페이지(http://seoji.nl.go.kr)와 국가자료공동목록시스템(http://www.nl.go.kr/kolisnet)에서 이용하실 수 있습니다. (CIP제어번호 2019038744)

어린이제품 안전특별법에 의한 표시사항

제품명 도서 제조년월일 2023년 2월 15일 제조사명 김영사 주소 10881 경기도 파주시 문발로 197
전화번호 031-955-3100 제조국명 대한민국 ⚠주의 책 모서리에 찍히거나 책장에 베이지 않게 조심하세요.

나를 지키는 안전 그림책 02

지하철 타고 버스 타고 할머니 댁에 가요

이기규 글 | 김무연 그림 | (사)한국생활안전연합 감수

주니어김영사

작가의 말

한 발 한 발 천천히 걸으면
교통안전도 문제없어요!

여러분은 버스와 지하철을 혼자 탈 수 있나요? 이 책에 등장하는 하늘이처럼 이곳저곳을 마음껏 다닐 수 있는 친구도 있을 테고, 고양이 나오처럼 어른의 도움 없이는 용기를 내기 어려워하는 친구도 있을 거예요. 그래서 이 책에서는 하늘이처럼 자신감 넘치는 친구와 나오처럼 용기가 부족한 친구 모두에게 교통안전을 알려 주려고 해요.

고양이 나오는 혼자 교통수단을 이용하는 게 낯설어요. 겁도 나고요. 그런 나오에게 하늘이 형은 교통안전을 차근차근 가르쳐 줘요. 하늘이 형에게 교통안전을 열심히 배운 나오는 한 발 한 발 자신감을 갖게 되지요. 나오처럼 용기가 부족한 친구들은 나오의 이야기를 통해 교통안전을 지키려는 마음과 교통수단을 자신 있게 이용할 수 있는 힘을 길렀으면 좋겠어요.

하늘이처럼 자신감 넘치는 친구들은 하늘이가 동생 나오와 함께 할머니 댁을 찾아가는 여정을 주의 깊게 따라가 보세요. 그러면 교통안전을 지키며 안전하게 생활할 수 있는 방법을 되새길 수 있을 거예요.

이 책에는 여러분이 교통안전을 위해 알아야 할 일은 물론, 어른들이 교통안전을 위해 지켜야 할 일도 함께 담았어요. 모든 어린이가 마음껏 뛰어놀 수 있는 안전한 환경을 만들기 위해서는 어른들의 노력이 매우 중요하기 때문이에요. 그래서 이 책은 여러분 혼자 읽는 것도 좋지만 엄마, 아빠 그리고 어른들과 함께 읽으면 더 좋아요.

마지막으로 나오와 하늘이가 한 발 한 발 조심조심 교통안전 약속을 지키며 걸어가는 모습처럼 여러분도 이 책을 읽고 한 발 한 발 안전하게 교통안전의 첫걸음을 시작했으면 좋겠어요. 어때요? 힘차게 출발할 준비가 되었나요?

이기규

"야옹, 형아 일어나. 나랑 놀자!"
아침부터 고양이 나오가 하늘이를 깨웠어요.
"안 돼, 오늘은 할머니 댁에 가야 해."
"와, 정말? 그럼 나도 갈래."
"위험해서 넌 안 돼. 지하철도 타고 마을버스도 타야 된단 말이야."
나오가 하늘이를 초롱초롱한 눈으로 바라봤어요. 하늘이는 고민에 빠졌어요.
"형아 말 잘 들을 수 있어?"
"응! 응!"
"좋아, 그럼 같이 가자."
나오는 너무 좋아 팔짝팔짝 뛰었어요.

하늘이와 나오가 큰길로 나왔어요. 차들이 도로 위를 쌩쌩 달렸어요.
나오는 겁이 나서 하늘이 뒤에 숨었어요.
"걱정 마. 한 발 한 발 안전하게 가면 문제없어.
횡단보도에서는 초록불이 켜지면 건너면 돼. 알겠지?"
그때 앞에 보이는 횡단보도 신호등에 초록불이 깜박거렸어요.
"야옹! 초록불이야!"
나오가 달려가자, 하늘이가 얼른 나오 손을 붙잡았어요.
"초록불이 깜박거리면 지금은 건너지 말라는 뜻이야.
곧 빨간불로 바뀌거든."

야아아아옹 초록불!!

잠시 후 신호등이 빨간불에서 초록불로 바뀌었어요.

차들이 정지선 앞에 멈춰 섰어요. 하늘이는 주변을 잘 살펴봤어요.

"자, 가자! 길에서도, 횡단보도에서도 오른쪽으로 가는 거 알지?"

"야옹, 그런 건 나도 알고 있다고!"

횡단보도 중간쯤에 다다르자 신호등의 초록불이 다시 깜박거렸어요.

"어? 초록불이 다시 깜빡깜빡해."

"횡단보도를 건너는 중에 초록불이 깜빡거리면 빨리 건너라는 뜻이야."

"야옹! 그런 거구나!"

"그렇다고 뛰어가면 넘어질 수 있으니까 우리는 빠르게 걷자."

하늘이와 나오는 다리에 힘을 주어 힘차게 걸었어요.

횡단보도를 건널 때는 이렇게

안전하게

천천히!

횡단보도에서는 신호등이 초록불로 바뀔 때까지 기다려요. 초록불이 깜박거릴 때는 건너지 않아요. 신호등이 없는 횡단보도에서는 차가 없을 때 건너요.

★ 횡단보도 앞에서는 무조건 속도를 줄여 주세요.

★ 횡단보도 앞에서 멈출 때는 정지선을 넘지 않도록 주의해 주세요.

★ 어린이가 횡단보도를 다 건널 때까지 꼭 기다려 주세요.

★ 어린이 보호 구역에서는 시속 30킬로미터를 넘지 않게 운전해 주세요.

하늘이와 나오는 지하철역에 도착했어요.
"와, 계단이 움직인다, 움직여! 야옹!"
에스컬레이터를 처음 본 나오가 소리쳤어요.
"이건 에스컬레이터야. 움직이는 걸 타야 하니까
안전하게 타야 해. 알겠지?"
"야옹, 근데 좀 무서워."
"걱정 마. 형아처럼 타면 돼.
노란선 안에 발을 올리고 손잡이를 꼭 잡아.
걷거나 뛰지 말고 서서 가는 거야. 알았지?"
나오가 하늘이를 따라 에스컬레이터를 탔어요.
"야옹, 성공! 별로 어렵지 않은걸!"
"그렇지? 내릴 때도 한 발 한 발 조심스럽게."
"알았다! 야옹."

지하철 승강장에서 안내 방송이 나왔어요.
하늘이와 나오는 안전선에서 한 발짝 물러났어요.
커다란 소리와 함께 열차가 들어왔어요.
"야옹! 와, 지하철 타자!"

"잠깐 기다려! 내리는 사람이 다 내리면 한 발 한 발 천천히 타는 거야."
나오가 머리를 긁적였어요.
둘은 내리는 사람이 다 내리기를 기다렸다가 열차에 탔어요.
하늘이는 기둥을 잡았고, 나오는 하늘이 손을 꼭 잡았어요.

지하철을 이용할 때는 이렇게

에스컬레이터에서는 걷거나 뛰지 않아요. 손잡이를 꼭 잡고, 두 발은 노란 칸 안에 두어요.

지하철역 계단에서는 뛰지 말고 오른쪽으로 걸어요.

안전하게

열차를 탄 후에는 넘어지지 않도록 손잡이나 기둥을 붙잡아 주세요. 열차 안에서 뛰거나 장난치지 않아요.

지하철 승강장 스크린 도어에 기대면 위험해요. 안전선을 넘지 않고 열차를 기다려요.

형아~ 여기 승강장 사이가 넓어서 무서워.

괜찮아. 내 손 잡아.

스크린 도어와 열차 문이 열리면 내리는 사람이 쉽게 내리도록 옆으로 비켜서서 기다려 주세요. 사람이 많으면 억지로 타려고 하지 말고 다음 열차를 기다려 주세요.

어른들도 지켜 주세요!

★ 에스컬레이터를 탈 때는 어른이 어린이의 손을 꼭 잡아 주세요.

★ 지하철 전선에는 2만 5천 볼트의 전기가 흘러요. 풍선이나 낚싯대 등은 가방에 넣고 타 주세요.

★ 열차가 움직일 때 어린이가 넘어지지 않도록 손을 꼭 잡아 주세요.

★ 열차와 승강장 사이에 발이 빠지지 않도록 어린이가 타고 내릴 때 신경 써 주세요.

"우리는 7번 마을버스를 탈 거야."

정류장으로 초록색 마을버스가 들어오고 있었어요.

나오는 반가워서 꼬리를 세웠지만 지하철을 탈 때처럼 달려가진 않았어요.

천천히 타야 되는 걸 이제는 알고 있거든요.

"야옹! 한 발 한 발 안전하게 버스를 타자!"

"손잡이를 꼭 잡아 주세요! 출발합니다!"
마을버스 기사 아주머니가 큰 소리로 말했어요.
"그런데 손잡이가 어디에 있지?"
나오가 두리번거리는 사이 버스가 출발했어요.
"야옹! 무서워!"
그때 하늘이가 나오의 손을 꼭 잡았어요.
"나오야, 괜찮니? 마을버스에 타면 손잡이를 꼭 잡아야 해. 알았지?"
나오가 고개를 끄덕였어요.

위험하니 손잡이를 꼭 잡으세요!!

"다음 정류장은 은빛마을 입구입니다."
"야옹, 어, 우리 다음에 내려요, 내려!"
나오가 목소리를 높였어요.
버스에 탄 사람들이 모두 웃었어요.
"내릴 땐 벨을 누르면 돼."
하늘이가 마을버스 창틀에 달린 벨을 꾹 눌렀어요.
"야옹, 그렇구나!"

"꼬마 손님들, 버스가 완전히 멈추고 문이 열리면 천천히 내리세요."

버스가 멈춰 서고 문이 열렸어요.

"감사합니다!"

나오와 하늘이는 한 발 한 발 천천히 내리면서 인사도 잊지 않았어요.

"야옹, 할머니다!"

정류장에 할머니가 마중을 나오셨어요.

마을버스를 탈 때는 이렇게

버스에서 자리가 없을 때는 버스 손잡이나 기둥, 의자 손잡이 등을 꼭 잡아요.

버스 안에서는 떠들거나 장난을 치지 않아요.

마을버스에서 내릴 때는 미리 벨을 눌러 주세요. 버스가 정류장에 완전히 멈추어 섰을 때 안전하게 내려요.

자리에 앉아 있을 때도 의자 손잡이를 잡아야 안전해요.

부우우우우

안전하게

버스가 출발하거나 멈추려고 할 때 이동하면 위험해요. 버스가 완전히 멈추었을 때 움직여요.

어른들도 지켜 주세요!

★ 어린이에게 버스에 빨리 타라고 또는 빨리 내리라고 재촉하지 마세요.

★ 버스가 출발하기 전에 어린이가 안전하게 자리에 앉거나 손잡이를 잡았는지 확인해 주세요.

★ 어린이가 손잡이를 쉽게 잡을 수 있도록 도와주세요.

★ 버스를 출발하고 멈출 때 천천히 운전해 주세요.

★ 정류정에 버스가 도착하면 어린이가 안전하게 타고 내릴 수 있도록 충분히 기다려 주세요.

할머니 댁에서 하늘이와 나오는 점심을 맛있게 먹었어요.

"조금 있으면 삼촌이 올 거야. 다 같이 어린이 공원에 놀러 가자."

"와, 난 자전거 타야지!"

"야옹, 난 킥보드 탈래! 신난다!"

때마침 초인종이 울렸어요.

하늘이와 나오는 현관으로 달려갔어요.

"삼촌, 빨리 공원에 놀러 가요!"

어린이 공원은 자동차를 타고 가기로 했어요.

하늘이와 나오는 들뜬 마음으로 자동차에 탔어요.

삼촌은 운전석에 앉고 할머니는 삼촌 옆자리에 앉았어요.

삼촌과 할머니가 안전띠를 맸어요.

"모두 안전띠 맸니?"

"네!"

하늘이는 안전띠를 매고 큰 소리로 대답했어요.

"야옹, 갑갑한데 뒷자리는 안 매도 되는 거 아니에요?"

하늘이가 고개를 가로저으며 말했어요.

"아니야, 뒷자리도 안전띠를 꼭 매야 해.

갑갑해도 안전을 위해 참아. 알았지?"

"와, 하늘이가 정말 의젓하구나."

삼촌이 웃으며 자동차 시동을 걸었어요.

진짜 출발!

"야옹, 그런데 형아, 자동차를 타면 안전띠를 꼭 매야 하는데, 왜 버스에선 안전띠를 매지 않았지? 이상하지 않아?"

나오의 꼬리가 물음표처럼 구부러졌어요.

그러고 보니 하늘이도 궁금했어요.

이럴 땐 삼촌에게 물어보면 돼요. 삼촌은 척척박사거든요.

"삼촌, 버스에서는 안전띠 안 매도 괜찮아요?"

"하하, 버스를 탈 때도 당연히 안전띠를 매야 해. 다만 마을버스나 시내버스는 서서 가는 사람이 많고 반드시 천천히 운전해야 하는 버스라 안전띠가 없어. 하지만 큰길에 다니는 고속버스나 시외버스, 관광지를 가는 관광버스에는 의자마다 안전띠가 있어. 하늘이가 다니는 태권도 학원 버스도 마찬가지고. 안전띠가 있는 버스에서는 꼭 안전띠를 매야 해."

"아, 그렇구나. 이제부터는 학원 버스를 탈 때 안전띠를 꼭 매야겠어요."

안전띠가 없는 차

자동차를 탈 때는 이렇게

안전하게

자동차를 탈 때는 뒷좌석에서도 안전띠를 꼭 매야 해요.

학원버스, 고속버스, 시외버스 등 안전띠가 있는 버스에서는 반드시 안전띠를 매요.

어른들도 지켜 주세요!

★ 뒷좌석에 어린이 나이에 맞게 안전띠와 안전 시트를 준비해 주세요.

★ 자동차에 탄 모두가 안전띠를 맨 것을 확인한 후 출발해 주세요.

★ 어린이가 탄 자동차는 특별히 조심해서 안전하게 운전해 주세요.

★ 운전하다가 피곤하거나 졸릴 경우에는 반드시 휴게소나 졸음 쉼터 등에서 충분히 휴식을 취한 후 운전해 주세요.

"자, 어린이 공원에 도착했습니다!"

"야호! 그런데 왜 문이 안 열리지, 야옹?"

나오가 급하게 문을 열려고 했지만 문이 잠겨서 열리지 않았어요.

"나오야, 그건 네가 꼭 해야 할 일을 하지 않아서
삼촌이 문을 잠그고 있는 거야."

"야옹, 그게 뭔데, 형아?"

"문을 열기 전에 뒤에 사람이나 오토바이나 다른 차가 있는지
살펴봐야 해."

"와, 하늘이는 정말 많이 아는구나!"

삼촌이 칭찬해 주자 하늘이는 어깨가 으쓱했어요.

자동차에서 내리자 시원한 바람이 솔솔 불어왔어요.
햇살도 따뜻했어요.
나오는 빨리 공원에 들어가고 싶어서 달려갔어요.
그때, 나오 앞으로 자동차가 쌩 지나갔어요.
"빠앙!"

나오는 깜짝 놀라 자리에 주저앉았어요.
"나오야, 괜찮아?"
나오가 울음을 터뜨렸어요.
다행히 놀란 것 말고는 다친 곳은 없어 보였어요.
"주차장에서는 자동차가 왔다 갔다 하니까
주변을 잘 살피고 천천히 걸어야 해."
"응, 형아!"
나오가 눈물을 훔치며 하늘이 손을 꼭 잡았어요.

주차장에서는 이렇게

안전하게

자동차 사이사이로 다니면 잘 안 보여요. 이동할 때는 주차장 안 보행로나 넓은 공간을 이용해요.

주차장에서 걸어갈 때는 주변을 잘 살피고 천천히 걸어요. 빨리 뛰다 보면 움직이는 자동차가 발견하지 못해 위험할 수 있어요.

어른들도 지켜 주세요!

★ 자동차 뒤쪽에 사람이나 자동차 등이 없는지 확인하고 문을 열어 주세요.

★ 주차장에서는 아주 천천히 운전해 주세요.

★ 후진할 때는 뒤에 어린이가 있는지 먼저 살펴 주세요.

★ 주차장에서 차를 움직일 때는 먼저 가볍게 경적을 울려서 주변의 어린이들이 차가 움직인다는 것을 알 수 있게 해 주세요.

어린이 공원 안에는 꽃이 가득 피어 있었지만
나오의 머릿속에는 자전거와 킥보드를 탈 생각뿐이었어요.
"야옹, 빨리 타자! 형아, 난 준비됐어."
"여기는 산책로야. 자전거와 킥보드는 '자전거 길'에서 타야 해."
"야옹! 자전거 길이 따로 있어요?"

"그럼! 사람이 다니는 길, 차가 다니는 길, 자전거가 다니는 길이 다 달라. 저쪽에 초록색 길이 보이지?"

삼촌이 손가락으로 가리켰어요.

"앗! 저 길 위에 자전거 그림이 있어요!"

"맞아, 저기가 자전거 길이야."

"야옹, 빨리 가자 형아!"

나오가 하늘이의 옷소매를 잡아끌었어요.

"준비 운동 먼저 해야지."
삼촌이 웃으면서 말했어요.

준비 운동을 하고 나서 하늘이는 안전모를 쓰고
손목과 팔꿈치, 무릎에 보호대를 했어요.
"야옹, 이제 됐지? 자, 출발!"
킥보드에 타려는 나오를 하늘이가 말렸어요.
"나오야, 너도 안전모를 쓰고 보호대를 해야 해."

"왜? 난 킥보드만 탈 건데?"

"킥보드도 타다 넘어지면 다칠 수 있어.
안전을 위해서 하나하나 꼼꼼히 준비해야 하는 거야."

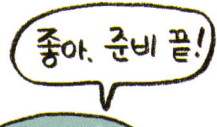

하늘이는 나오에게 안전모를 씌워 주고 보호대도 해 주었어요.

"이제 됐다! 그럼 힘차게 달려 볼까?"

자전거를 탈 때는 이렇게

안전하게

빵 빵

자전거나 킥보드는 자전거 길에서 안전하게 타요. 찻길이나 주차장, 골목에서 타면 위험해요.

자전거나 킥보드를 타기 전에는 충분히 준비 운동을 해서 손목, 발목을 풀어 줘요.

쭉 쭉 쭉

끽 끽

자전거와 킥보드를 탈 때는 편한 옷차림이 좋아요. 끈 있는 운동화를 신거나 너무 긴 바지를 입으면 넘어지거나 다칠 수 있어요.

어른들도 지켜 주세요!

★ 안전을 위해 반드시 안전모와 보호 장구를 챙겨 주세요.

★ 안전 검사를 통과한 자전거와 킥보드인지 잘 살펴서 구입해 주세요.

★ 자전거를 타고 가다 어린이가 타는 자전거나 킥보드가 보이면, 속도를 줄이고 어린이가 안전하게 지나갈 수 있도록 도와주세요.

★ 무조건 자전거나 킥보드를 금지시키지 말고 안전하게 탈 수 있도록 지도해 주세요.

"야옹! 정말 재미있다. 그치, 형아?"
"응, 다음에도 재밌게 놀자."
할머니 댁으로 다시 돌아와서도 나오와 하늘이는 신나 있었어요.
"집에 갈 때 삼촌이 차로 태워다 줄까?"
"아니요. 형아랑 둘이서 안전하게 한 발 한 발 가면 문제없어요."
나오가 자신 있게 대답했어요.
하늘이도 웃으며 크게 고개를 끄덕였어요.
"허허, 이제 나오도 다 컸구나."
할머니의 칭찬에 나오는 기분이 날아갈 것 같았어요.
"자! 이제 우리 집으로 출발!"

한 발 한 발 안전하게 왔더니 어느새 집 근처까지 왔어요.
나오도 이제 길을 나서는 게 무섭지 않았어요. 그때였어요.
"앗, 엄마다!"
하늘이가 길 건너편에 있는 엄마를 발견하고 엄마 쪽으로 달려갔어요.
그때, 나오가 서둘러 하늘이 손을 잡았어요.
"형아, 잠깐만!"

그제야 하늘이는 걸음을 멈추고 나오를 쳐다보았어요.
하마터면 차가 쌩쌩 달리는 찻길에 달려들 뻔했어요.
"야옹, 천천히 한 발 한 발 안전하게. 알겠지?"
하늘이가 머리를 긁적였어요.
길 건너편에 엄마가 보여도 신호를 기다렸다가
천천히 한 발 한 발 안전하게 건너야 해요.

언제 어디서나 이렇게

안전하게

★ 골목길에서는 어린이가 달려 나올 수 있으니 조심해서 운전해 주세요.

★ 길 건너편에 어린이가 있다고 큰 소리로 부르면 어린이가 뛰어올 수 있어요. 조심해 주세요.

★ 눈이나 비가 심하게 올 때는 투명 우산을 준비해 어린이가 앞을 잘 볼 수 있게 해 주세요. 옷도 밝은색으로 입혀 눈에 띄게 해 주세요.

★ 어린이가 다니기에 불편하거나 위험한 곳을 발견하면, 관련 기관에 신고해서 빨리 고칠 수 있도록 해 주세요.

드디어 집 앞이에요. 해가 뉘엿뉘엿 저물고 있었어요.
"야옹! 이제 집에 다 왔다!"
나오가 팔짝팔짝 뛰었어요.

"한 발 한 발 안전하게 가니까 문제없었지?"
하늘이가 밝게 웃었고, 나오가 고개를 힘차게 끄덕였어요.
"응, 이제는 어디든 갈 수 있어. 다른 나라 여행도 자신 있어."
"정말? 다른 나라에 가려면 배도 타고 비행기도 타야 하는데?"

하늘이의 물음에 나오가 가슴을 내밀며 대답했어요.
"배를 타든 비행기를 타든 문제없어.
어디서든 천천히 안전하게 한 발 한 발 가면 되니까. 맞지?"
"응. 안전하게 천천히!"
하늘이와 나오는 서로를 마주 보며 씩 웃었어요.

비행기, 배, 기차를 탈 때도

비행기가 뜨고 내릴 때는 반드시 안전띠를 매고 자리에 앉아 있어야 해요. 또 안전띠 표시등이 켜질 때도 안전띠를 매고 자리에 앉아 있어요.

비행기가 뜨고 내릴 때는 뒷사람을 위해서 의자 등받이를 바로 세워요. 또 비행기 바깥의 상황을 확인하기 위해 창문 덮개는 닫지 않고 열어 놓아요.

휴대 전화나 전자제품의 전자파는 비행에 방해가 될 수 있어요. 비행기에 탈 때는 휴대 전화를 비행기 모드로 바꾸거나 꼭 꺼 두어요.

기차가 올 때는 지하철과 마찬가지로 안전선에서 한 걸음 물러서서 기다려요. 기차 문이 열리면 차례차례 내리고 타요.

기찻길은 기차만 다니는 길이에요. 기차가 오지 않더라도 기찻길에 들어가지 않아요.

철도 건널목을 건널 때는 차단기가 올라가 있고 경고음이 울리지 않을 때 건너요. 건널 때는 좌우를 잘 살펴요.

이렇게 안전하게

배가 흔들릴 경우 갑판 위에 있으면 파도에 휩쓸려 가거나 배에서 떨어질 수 있어요. 안전한 선실에 있어요.

배의 갑판에서 경치를 구경할 때는 갑판이 미끄럽기 때문에 뛰거나 장난치지 않아요. 손잡이를 꼭 잡고 안전하게 구경해요.

손잡이 꼭 잡아!

작은 배를 탈 때는 반드시 구명조끼를 입어요. 큰 배를 탈 때는 자기 자리에 구명조끼가 있는지 확인해요.

어른들도 지켜 주세요!

★ 비행기에서는 어린이의 안전띠를 늘 확인해 주세요.

★ 배를 탈 때는 비상구, 구명조끼, 구명보트, 비상벨 등의 위치를 알아 두세요. 비상시에는 어린이가 먼저 구명조끼를 입고 대피할 수 있도록 도와주세요.

★ 어린이가 기찻길에 들어가지 않도록 주의해 주세요. 자동차로 철도 건널목을 지날 때는 반드시 차단기가 올라간 뒤에 건너가요.